이은경쌤의 초등 글쓰기 완성 시리즈 활용법

도서	주제	이런 친구에게 추천해요	권장 학년
세줄쓰기	하루 세 줄로 글쓰기 시작!	• 글쓰기를 해 본 적 없어서 낯설고 어려운 친구 • 글쓰기 슬럼프에 빠져 아무것도 쓰고 싶지 않은 친구	전학년
전래동화 바꿔쓰기	전래동화 명장면을 새롭게 바꿔 쓰기	• 어떤 재미난 책을 읽어도 내용이 잘 기억나지 않는 친구 • 나만의 이야기를 쓰고 싶은데 막상 엄두가 안 나는 친구	1~3
주제 일기쓰기	질문에 답하면서 오늘 일기 완성!	• 일기 쓸 때마다 뭘 써야 할지 생각나지 않는 친구 • 부모님 도움 없이 혼자서도 일기를 써 보고 싶은 친구	3~5
표현 글쓰기	의성어, 의태어로 멋진 문장 쓰기	• 매일 비슷비슷한 문장만 쓰느라 글쓰기가 지겨워진 친구 • 글 잘 쓴다는 칭찬을 받고 우쭐해지고 싶은 친구	1~3
자유글쓰기	자유롭게 마음껏 긴 글 쓰기	• 자유롭게 마음껏 상상하는 것을 좋아하는 친구 • 한 장 꽉 채워 쓰기에 도전해 보고 싶은 친구	3~5
생각글쓰기	내 생각과 이유를 정리해서 쓰기	• 〈세줄쓰기〉, 〈자유글쓰기〉를 써 보면서 자신감이 붙은 친구 • 논술에 도전해 보고 싶지만 아직은 자신이 없는 친구	5~중1
[기본] 책읽고쓰기	읽은 내용을 짧게 정리하기	• 책 읽는 건 좋아하지만 독서록은 아직 안 써 본 친구 • 독서록을 써 봤지만 힘들어서 다시는 안 쓰고 싶은 친구	1~3
[심화] 책읽고쓰기	읽은 내용을 글로 정리하기	• 독서록 숙제를 해 봤는데, 정말 겨우겨우 써서 낸 친구 • 책을 읽고 나서 내 생각을 정리해 보고 싶은 친구	3~5
왜냐하면 글쓰기	질문에 답하면서 선택과 이유 쓰기	• '왜'라는 질문에 늘 '그냥'이라고 대답했던 친구 • 논리가 무엇인지, 논술이 무엇인지 어렵기만 한 친구	1~3
[기본] 교과서논술	주장과 까닭을 쓰며 논술 맛보기	• 〈왜냐하면 글쓰기〉, 〈생각글쓰기〉를 써 본 친구 • 논술을 써 본 적은 없지만 시도해 보고 싶은 친구	3~5
[심화] 교과서논술	진짜 논술 실력 다지기	• [기본] 〈교과서논술〉, 〈논술 쓰기〉를 써 본 친구 • 중학교 입학을 앞두고 탄탄한 논술 실력을 다지고 싶은 친구	5~중1
논술 쓰기	개요를 작성하며 주장하는 글 쓰기	• 글쓰기 경험은 많지만 논술은 써 본 적 없는 친구 • 다른 학원에 가느라 논술 학원을 다닐 시간이 없는 친구	3~5
[기본] 주제 요약하기	글의 핵심을 찾아 쓰기	• [기본] 〈책읽고쓰기〉, 〈자유글쓰기〉를 써 본 친구 • 재미있게 글을 읽었는데도 요약해서 설명하기 어려운 친구	3~5
[심화] 주제 요약하기	비문학 글에서 주제 찾아 쓰기	• [심화] 〈책읽고쓰기〉, 〈자유글쓰기〉를 써 본 친구 • 신문 기사를 읽고 어떤 내용인지 잘 이해가 안 가는 친구	5~중1
수행평가 글쓰기	과목별·유형별로 수행평가 대비	• [심화] 〈주제 요약하기〉, [기본] 〈교과서논술〉을 써 본 친구 • 보고서 쓰기가 어려운 친구	5~중1

* 영어도 대비하고 싶다면? 영어 한줄쓰기 ▶ 영어 세줄쓰기 ▶ 영어 일기쓰기

이은경쌤의
초등 글쓰기 완성 시리즈

1-3학년 권장

왜냐하면 글쓰기

내 선택과 이유를 쓰면서 **논리력**을 길러요

이은경쌤의
초등 글쓰기 완성 시리즈

1-3학년 권장

왜냐하면 글쓰기

내 **선택**과 **이유**를 쓰면서 **논리력**을 길러요

이은경 지음

상상아카데미

차 례

- 내가 완성하는 '매일 글쓰기 계획표' ········· 6
- 왜냐하면 글쓰기를 시작하며 ················ 10
- 글 잘 쓰는 비법, 궁금하죠? ················· 12
- 왜냐하면 글쓰기, 어떻게 쓰는 건가요? ······· 14
- 왜냐하면 글쓰기, 왜 쓰는 건가요? ············ 16
- 왜냐하면 글쓰기, 이렇게 써 보세요 ··········· 18
- 왜냐하면 글쓰기 주제 50 ····················· 20

내가 완성하는 매일 글쓰기 계획표

일차	글쓰기 주제	글 쓴 날짜	완료
01	나의 별명	월 일	○
02	설레는 세계 일주	월 일	○
03	드디어 그날	월 일	○
04	세상에 없던 과일	월 일	○
05	새로운 생일	월 일	○
06	내가 가장 좋아하는 맛	월 일	○
07	소원을 말해 봐	월 일	○
08	나에게 동물이 생긴다면	월 일	○
09	결혼을 할 거라면	월 일	○
10	타임머신을 타고	월 일	○
11	마음대로 시간	월 일	○
12	한 가지 공부	월 일	○
13	우리 가게 대표 메뉴	월 일	○

여기까지 써 보니 어땠어요?

일차	글쓰기 주제	글 쓴 날짜	완료
14	100만 원이 생긴다면	월 일	
15	무인도에 간다면	월 일	
16	다시 태어난다면	월 일	
17	불이 났다!	월 일	
18	투명 인간이 된다면	월 일	
19	반가운 손님	월 일	
20	어른이 되면	월 일	
21	내 공부방 꾸미기	월 일	
22	가족 선물	월 일	
23	특별한 초능력	월 일	
24	나의 생일 케이크	월 일	
25	내 인생의 음료수	월 일	
26	동물이 된다면	월 일	

여기까지 써 보니 어땠어요?

일차	글쓰기 주제	글 쓴 날짜	완료
27	세상에서 가장 무서운 것	월 일	
28	가족과 함께	월 일	
29	신나는 해외 여행	월 일	
30	월화수목금토일	월 일	
31	먹고 싶은 반찬	월 일	
32	산타 할아버지	월 일	
33	나의 첫 자동차	월 일	
34	내게 주고 싶은 상	월 일	
35	아기의 이름	월 일	
36	내가 좋아하는 단어	월 일	
37	지구 마지막 날	월 일	
38	책가방 속 물건	월 일	

여기까지 써 보니 어땠어요?

일차	글쓰기 주제	글 쓴 날짜	완료
39	요즘 배우는 것	월 일	
40	외국인 친구	월 일	
41	오늘의 택배	월 일	
42	세상에서 가장 필요한 일	월 일	
43	딱 한 가지 쇼핑	월 일	
44	사고파는 벼룩시장	월 일	
45	기대되는 날	월 일	
46	나의 올림픽	월 일	
47	새로운 이름	월 일	
48	내가 만약 OO가 된다면	월 일	
49	죽기 전 이루고 싶은 소원	월 일	
50	행복과 불행	월 일	

여기까지 써 보니 어땠어요?

왜냐하면 글쓰기를 시작하며

안녕하세요, 작가님!
이렇게 만나서 정말 반가워요.

저는 오늘부터 여러분과 함께 글쓰기를 시작할
'이은경 작가'라고 해요.
글쓰기를 하는 동안
저를 '옥수수 작가님'이라고 불러 주세요.

왜냐하면 저는 여름에 나는 쫄깃쫄깃 찰옥수수를 좋아하고,
옥수수처럼 하얗고 가지런한 이를 가졌고,
글을 쓸 때는 주로 옥수수를 쪄 먹기 때문이에요.

궁금해요!

이곳에 찾아온 우리 작가님은 어떤 분인가요?

개구리 작가님? 수박 작가님? 귀신의 집 작가님?

작가님에 관한 멋진 소개를 부탁해도 될까요?

여러분, 안녕하세요!

오늘부터 글쓰기를 시작할 저는　　　　　　　　　작가입니다.

　　　　　　작가라는 이 멋진 이름은

제가　　　　　　　　　　　　　　때문에 이렇게 지었어요.

사실 제 원래 이름은　　　　　　　인데요,

저는　　　　　　를 할 때 행복하고,

　　　　　　를 할 때 자신감이 솟는 멋진 학생이랍니다.

역시! 멋진 소개 감사해요, 작가님.

작가님과 함께 글 쓸 생각에 설레는 마음을 가득 담아

글 잘 쓰는 비법을 살짝 공개하겠습니다, 고고!

글 잘 쓰는 비법, 궁금하죠?

옥수수 작가의 글쓰기 비법을 공개하는 시간!

글쓰기를 시작하려 하나요?

이왕 글을 쓰기로 마음먹었다면 분명 글을 잘 쓰고 싶을 거예요.

그렇다면 그 전에 먼저 중요한 한 가지를 생각해 봐요.

도대체 글을 잘 쓰면 뭐가 좋을까요?

사실, 우리의 장래 희망이 모두 작가가 아닌데도

글을 잘 쓰면 어떤 좋은 점이 있을까요?

매일 하는 공부만으로도 힘든데 왜 우리가 글까지 잘 써야 할까요?

그런데 여러분, 이 옥수수 작가가 확실하게 장담할 수 있는 사실이 있어요.

꾸준히 글을 쓰는 것만으로도 조금씩 더 똑똑해지고,

생각이 점점 깊어지고, 발표할 때 자신감이 넘치고,

시험 점수가 올라가기도 하며, 친구들이 부러워할 거예요.

또 나만의 생각을 글로 표현하는 일이 훨씬 쉬워지고,

어떤 수업이든 내용을 차근차근히 이해하는 것이 어렵지 않을 거예요.

이게 바로 글쓰기만의 마법이고 매력이랍니다.

그래서 여러분의 꾸준한 글쓰기를 응원하는 거예요.

글을 잘 쓰고 싶은 우리 작가님을 위한
'글 잘 쓰는 비법 세 가지'를 지금부터 공개할게요!

첫째, 꾸준히 써요.

매일 쓰지 않아도 괜찮아요. 일주일에 하루를 정해 놓고 매주 딱 한 편씩만 글을 써 보세요. 조금만 써도 되고, 재미없게 써도 되고, 글씨가 삐뚤빼뚤해도 괜찮아요. 매주 한 편씩 꾸준히 쓰는 약속을 앞으로 1년 동안 지켜 나간다면 말이죠!

둘째, 꾸준히 읽어요.

잘 쓰고 싶다면, 많이 읽어야 해요. 글쓰기 실력은 얼마만큼 읽었느냐에 따라 결정되거든요. 글쓰기를 일주일에 하루만 하더라도, 책 읽기는 하루도 빠짐없이 하기를 추천합니다! 꾸준한 독서로 문해력과 사고력을 쌓은 실력자가 되어 봐요.

셋째, 글을 자랑해요.

우리 작가님의 글을 가족과 친구, 선생님에게 열심히 자랑해 보세요. 쑥스럽다고요? 처음에는 당연히 그래요. 하지만 오늘 작가님이 쓴 글은 세상 어디에도 없고, 누구도 절대 쓸 수 없는 멋지고 유일한 작품이라는 사실을 잊지 마세요.

왜냐하면 글쓰기, 어떻게 쓰는 건가요?

내가 선택한 답과 이유를 짧은 글로 표현해 보는 것이
바로 '왜냐하면 글쓰기'랍니다.
'그냥'이 아니라 '나만의 이유'를 찾아보는 것,
무척 특별하고 멋진 경험이 되겠죠?

'왜냐하면 글쓰기'만의 비법을 공개하겠습니다.
제가 만약 여러분께 아이스크림을 사 주기로 한다면
여러 가지 맛의 아이스크림 중에서
딱 한 가지 맛만 골라야 할 텐데,
그렇다면 어떤 맛 한 가지를 선택할 건가요?
딸기 맛? 바닐라 맛? 초콜릿 맛? 망고 맛?
고민한 끝에 드디어 한 가지 맛을 골랐다면
왜 그것을 골랐는지 분명 그 이유가 있을 거예요.

우리는 매일 여러 가지 중 한 가지를 선택하면서 살아가고,
선택할 때는 언제나 나만의 이유가 있어요.
선택은 나만의 감정, 생각, 경험이 합쳐진 엄청난 결과물이고요.

'왜냐하면 글쓰기'는 어떻게 쓰면 좋을까요?
옥수수 작가의 비법을 전격 공개합니다!

첫째, 선택은 자유예요.

어떤 선택을 하든 자유랍니다. 우리 모두에게는 선택의 자유가 있고, 자유롭게 선택해 보는 지금 경험이 멋진 글의 단단한 바탕이 된답니다. 아무도 하지 않을 것 같은 작가님만의 재미있고 독특한 선택을 응원합니다. 어떤 선택일지 궁금해요!

둘째, 이유가 잘 어울려요.

딸기 맛을 선택한 이유가 망고를 좋아하기 때문이라면 선택에 어울리는 타당한 이유라고 생각하긴 어렵겠죠? 나만의 선택과 이유가 서로 잘 어울리는지 확인하세요. 두 가지가 잘 어울린다면 논리적인 흐름을 갖춘 멋진 글이 된답니다.

셋째, 말하기도 함께 해요.

무엇을 선택했는지 왜 그런 선택을 했는지를 말과 글로 모두 표현할 수 있어요. 글이 더 편하다면 글을 먼저 쓰고 나서 말로 표현해요. 말이 더 편하다면 말을 먼저 하고 난 후에 찬찬히 글로 표현해 보면 된답니다. 무엇이든 좋아요!

왜냐하면 글쓰기, 왜 쓰는 건가요?

쓰는 방법은 잘 알겠는데, 이쯤에서 궁금증이 생겨요.
'왜냐하면 글쓰기'를 쓰면 도대체 뭐가 좋은 건가요?

나만의 선택을 하고 선택을 한 이유를 떠올리는 '왜냐하면 글쓰기'는 그 자체로 '논리적으로 생각하기'를 연습하는 멋진 과정이랍니다. 지금까지는 누군가가 내 선택에 관한 이유를 물었을 때 습관적으로 '그냥'이라고 대답을 해 왔을 거예요. 하지만 '왜냐하면 글쓰기'를 밟아 가면서는 내 선택과 그 선택의 이유가 서로 잘 어울리는지, 내가 선택하고 답한 이유의 논리가 타당한지를 짚어 보는 좋은 습관을 갖게 된답니다.

선택에 관한 나만의 이유를 떠올려 보고, 그 이유를 글로 표현하며 글쓰기 미션을 하나씩 완료하는 과정은 몇 년 뒤 멋지게 써낼 '논술'의 첫 단추가 될 거예요.

'왜냐하면 글쓰기'의 엄청난 효과를 소개합니다.

첫째, 선택에 자신감이 생겨요.

아주 작은 선택이라 해도 그걸 그냥 고른 게 아니고, 무작정 따라 한 게 아닐 거예요. '나만의 이유'가 분명하지요. 이유를 알면 선택에 확신과 자신감이 생겨요. 내가 하는 모든 선택이 늘 최고일 수는 없지만 내 스스로 선택했다는 게 중요해요.

둘째, 분명한 이유를 떠올릴 수 있어요.

우리가 매일 무언가를 선택할 때는 '그냥'이 아닌 분명한 이유가 있어요. 하지만 대부분 그 이유를 떠올리기 귀찮아서 '그냥'이라 답하고 넘겼을 거예요. 이제 우리 일상에서 '그냥' 대신 나만의 분명한 이유를 떠올려 보세요.

셋째, 논술이 만만해져요.

논술을 잘 쓰고 싶다는 마음이 들 때 딱딱하고 어려운 논술을 시도하는 것보다 훨씬 중요하고 효과적인 연습이 있어요. 바로 나만의 '선택과 이유 찾기'랍니다. 선택과 이유를 찾는 '왜냐하면 글쓰기'는 논술을 위한 최고의 준비 운동이에요.

왜냐하면 글쓰기, 이렇게 써 보세요

나의 별명

 친구에게 별명을 지어 준다면 뭐라고 지어 줄 거야?

은경쌤 생각 옥수수 통구이

> 2
> 은경쌤이 적은 예시를 읽으며 자유롭게 생각을 떠올려요.

의 이가 옥수수랑 비슷하게 생겼기 때문이야. 옥수 생긴 이로 옥수수 알갱이를 다다다 아주 빠르게 뜯어 먹어서 옥수수 통구이란 별명이 잘 어울릴 것만 같아.

 내 친구가 가장 좋아하는 음식은 무엇일까?

은경쌤 생각 호떡

 **왜냐하면** 내 친구는 언제나 호떡을 끝까지 싹싹 다 먹어 치워 버리기 때문이야. 난 호떡을 먹다 보면 어느 순간 느끼하고 달게 느껴져서 그만 먹고 싶어지는데, 친구는 잘 먹더라고.

① 매일 재미있는 주제에 얽힌 두 가지 질문에 답해 보세요.

예시

오늘 쓴 글 어때? 마음에 들어?

년 월 일 요일

 그렇다면 내 별명을 멋지게 만들어 볼까?

내 생각

왜냐하면

③ 질문을 보고 떠오르는 여러 생각 중에 하나를 선택해 쓴 다음, '나만의 분명한 이유'를 적어 보세요.

 내가 가장 좋아하는 음식은 말이야!

내 생각

왜냐하면

선택의 이유가 궁금해지는
왜냐하면 글쓰기 주제
50

지금부터 어떤 선택을 하든 자유예요!
매일 두 가지 질문을 골라 자유롭게 생각하고
나만의 선택과 이유를 적어 보세요.

'그냥'이 아니라
'나만의 분명한 이유'를 적는 경험은
여러분의 자신감을 높이고,
논리적인 글쓰기의 단단한 바탕이 될 거예요!
자, 오늘은 어떤 선택을 해 볼까요?

01 나의 별명

 친구에게 별명을 지어 준다면 뭐라고 지어 줄 거야?

은경쌤 생각   옥수수 통구이

 내 친구의 이가 옥수수랑 비슷하게 생겼기 때문이야. 옥수수처럼 생긴 이로 옥수수 알갱이를 다다다 아주 빠르게 뜯어 먹어서 옥수수 통구이란 별명이 잘 어울릴 것만 같아.

 내 친구가 가장 좋아하는 음식은 무엇일까?

은경쌤 생각   호떡

 내 친구는 언제나 호떡을 끝까지 싹싹 다 먹어 치워 버리기 때문이야. 난 호떡을 먹다 보면 어느 순간 느끼하고 달게 느껴져서 그만 먹고 싶어지는데, 친구는 잘 먹더라고.

년   월   일   요일

 **그렇다면 내 별명을 멋지게 만들어 볼까?**

내 생각

왜냐하면

 **내가 가장 좋아하는 음식은 말이야!**

내 생각

왜냐하면

02 설레는 세계 일주

 **세계 일주를 떠난다면 어느 나라 먼저 갈 거야?**

 영국

왜냐하면 영국에는 바로 내가 좋아하는 손흥민 선수가 있기 때문이야. 손흥민 선수가 출전하는 경기가 런던에서 열려. 영국에 가서 경기장 맨 앞자리에서 경기를 보고 사인을 받을 거야.

 **세계 일주 동안 옷을 딱 한 벌만 입어야 한다면?**

 초록색 원피스

왜냐하면 나에게 가장 어울리는 색깔이 초록색이고, 예쁜 건 절대 포기할 수 없기 때문이야. 세계 곳곳을 다니면서 사진 찍는 건 필수인데 가장 예쁜 모습을 사진으로 모두 남겨야지.

오늘 쓴 글 어때? 마음에 들어?

년   월   일   요일

 **신나는 세계 일주! 내가 가고 싶은 나라는?**

내 생각

왜냐하면

 **딱 한 벌만? 그렇다면 난 이 옷을 선택할래!**

내 생각

왜냐하면

25

드디어 그날

일 년 중 내가 가장 손꼽아 기다리는 날은?

은경쌤 생각 내 생일

왜냐하면 생일엔 친구들과 가족들에게 선물을 많이 받기 때문이야. 선물을 많이 받으면 부자가 된 것 같아 기분이 좋아지고, 보내 준 사람들이 나를 사랑한다는 사실을 느낄 수 있어.

그날이 오면 꼭 해 보고 싶은 한 가지는?

은경쌤 생각 가족사진 찍기

왜냐하면 우리 가족은 평소에 사진 찍는 걸 무척 싫어하기 때문이야. 여행을 가서 사진을 찍을 때도 마지못해 찍는 편이지만 내 생일에 찍는 사진이니까 활짝 웃으며 찍어 줄 거라 생각해.

오늘 쓴 글 어때? 마음에 들어?

년   월   일   요일

어서 이날이 빨리 왔으면 좋겠어!

내 생각

왜냐하면

이날이 오면 꼭 이걸 하고 싶어!

내 생각

왜냐하면

04 세상에 없던 과일

 가장 좋아하는 과일은?

 수박

왜냐하면 수박의 알록달록한 줄무늬가 신기하기 때문이야. 그 속에 빨간 속살이 들어 있는 건 더 신기해. 뜨거운 여름날 시원한 수박 한 조각을 먹으면 더위가 단숨에 가셔서 좋아.

 세상에 없던 과일을 만들 수 있다면 그 과일의 이름은?

 파인나나

왜냐하면 파인애플은 새콤달콤해서 맛있는데 껍질을 벗기기 어렵기 때문이야. 파인애플도 바나나처럼 쉽게 깔 수 있다면 좋겠어. 쭉쭉 껍질을 벗겨서 상큼하게 한 입 베어 먹고 싶어.

오늘 쓴 글 어때? 마음에 들어?

년   월   일   요일

 **내가 가장 좋아하는 과일은 말이지!**

내 생각

왜냐하면

 **새로운 과일을 만들어서 이름을 알려 줘!**

내 생각

왜냐하면

05 새로운 생일

 **내 생일을 다시 정할 수 있다면 몇 월 며칠?**

은경쌤 생각 10월 3일

 10월 3일은 공휴일이기 때문이야. 가족들이 모두 집에서 쉬는 공휴일이 마침 내 생일이라면 모두 좋아할 것 같아. 해마다 편안하게 쉬면서 생일을 보내면 얼마나 좋을까?

 **내 생일에 꼭 받고 싶은 선물을 한 가지만 고른다면?**

은경쌤 생각 예쁜 접시

 예쁜 접시에 음식을 담아서 먹는 걸 좋아하기 때문이야. 그릇이 예쁘면 똑같은 음식도 더 맛있어 보이잖아. 사실은 접시를 너무 자주 깨뜨려서 좀 더 많이 필요하기는 해.

오늘 쓴 글 어때? 마음에 들어?

년   월   일   요일

 **나의 새로운 생일은 바로 이날이야!**

내 생각

왜냐하면

 **생일 선물은 무조건 이거지!**

내 생각

왜냐하면

06 내가 가장 좋아하는 맛

 중국집에 갔을 때 무슨 일이 있어도 시켜야 하는 음식은?

은경쌤 생각 군만두

왜냐하면 바삭바삭하게 튀긴 군만두는 집에서 쉽게 만들 수 없기 때문이야. 예전엔 서비스로 군만두를 줬는데 요즘은 그런 곳이 없어졌기 때문이야. 그러니 꼭 따로 주문해야지!

 평생 한 가지 맛 아이스크림만 먹어야 한다면?

은경쌤 생각 요거트 맛

왜냐하면 너무 달콤하기만 한 맛보다는 상큼한 맛을 좋아하기 때문이야. 그래야 더 시원한 느낌이 들기도 하고 다양한 과일을 얹어서 먹으면 또 색다른 아이스크림이 되기도 하거든.

오늘 쓴 글 어때? 마음에 들어?

년   월   일   요일

 **맛있는 중국집! 나는 어떤 메뉴를 시킬까?**

내 생각

왜냐하면

 **아이스크림은 무조건 이 맛입니다!**

내 생각

왜냐하면

07 소원을 말해 봐

 내 친구의 소원을 들어줄 수 있다면?

은경쌤 생각 오늘 밤 맑은 날씨

왜냐하면 내 친구가 오늘 밤, 가족과 함께 캠핑을 가기 때문이야. 반짝반짝 빛나는 별을 볼 수 있기를 바라던 친구의 소원을 이루어 주고 싶어. 그러려면 내가 날씨 요정이 되어야겠네!

 내 소원이 이루어진다면 꼭 하고 싶은 일 한 가지는?

은경쌤 생각 비행기 일등석 타기

왜냐하면 나는 여행을 다니는 걸 정말 좋아하기 때문이야. 돈이 많이 들어서 평소에 가기 힘들었던 여러 나라를 여행하고 싶어. 여유롭게 쓸 돈이 생겼으니 처음으로 일등석을 타 볼 거야.

오늘 쓴 글 어때? 마음에 들어?
★★★★★

년   월   일   요일

 **친구의 소원, 어떤 소원을 들어줄까?**

내 생각

왜냐하면

 **나의 한 가지 소원, 이것만은 꼭 이루어지길!**

내 생각

왜냐하면

08 나에게 동물이 생긴다면

 **어떤 동물과 함께 살고 싶어?**

은경쌤 생각 판다

왜냐하면 판다는 너무 귀엽기 때문이야. 매일 거실에서 판다의 귀여운 모습을 보는 것만으로도 기분이 좋아질 것 같아. 친구들도 판다를 보러 날마다 놀러 오면 하루하루가 즐거울 거야.

 **같이 살게 된 동물의 이름은 뭐라고 지어 줄 거야?**

은경쌤 생각 바오바오

왜냐하면 귀여운 푸바오와 비슷한 이름을 붙여 주고 싶기 때문이야. 푸바오 동생들인 루이바오, 후이바오도 정말 귀엽더라. 가족은 아니지만 비슷한 이름으로 지으면 기억하기 쉽겠지?

오늘 쓴 글 어때? 마음에 들어?

년   월   일   요일

 **이 동물과 함께라면 행복할 것 같아!**

내 생각

왜냐하면

 **가족이 된 동물에게는 어떤 이름이 어울릴까?**

내 생각

왜냐하면

결혼을 할 거라면

결혼은 몇 살에 하는 게 좋을까?

은경쌤 생각 다시 결혼한다면 40살

왜냐하면 결혼은 천천히 해도 된다고 생각하기 때문이야. 결혼을 해 보니 내 마음대로 할 수 없는 게 생기더라. 예쁜 아기를 낳고 싶다면 50살, 60살은 너무 늦을 것 같아. 그래서 40살!

외국인과 결혼한다면 어느 나라 사람과 결혼할 거야?

은경쌤 생각 호주

왜냐하면 내가 소고기를 정말 좋아하는데 한우가 너무 비싸서 자주 사 먹을 수가 없기 때문이야. 호주 사람과 결혼해서 호주에서 살면 신선한 소고기를 매일 먹을 수 있잖아.

오늘 쓴 글 어때? 마음에 들어?

년   월   일   요일

만약 내가 결혼한다면 몇 살에 할까?

내 생각

왜냐하면

어느 나라 사람과 결혼하면 좋을까?

내 생각

왜냐하면

10 타임머신을 타고

타임머신을 타고 가 보고 싶은 과거는 어느 시대?

은경쌤 생각 조선 시대

존경하는 이순신 장군을 만나 사인을 받고 싶기 때문이야. 거북선 앞에서 사진도 찍고 싶고, 노량 해전에서 몸조심하셔야 한다는 이야기도 꼭 전해 드리고 싶어.

공간 이동을 할 수 있다면 지금 당장 가고 싶은 장소는?

은경쌤 생각 임영웅 콘서트 맨 앞자리

임영웅 콘서트에 가 보는 게 소원이기 때문이야. 콘서트 표를 살 수는 있지만, 표 구하는 게 하늘의 별 따기처럼 어려운 일이잖아. 콘서트 맨 앞자리에 앉아 노래를 듣고 싶어.

오늘 쓴 글 어때? 마음에 들어?

년   월   일   요일

 **타임머신을 타고 이 시대에 가고 싶어!**

내 생각

왜냐하면

 **이 공간으로 지금 당장 가겠어!**

내 생각

왜냐하면

1 라운드 은경쌤과 함께 하는 난센스 퀴즈

1. 세상에서 가장 비싼 붕어는?

2. 기어다니는 팽이는?

3. 북은 북인데 살아 있는 북은?

4. '돼지가 방귀를 뀌면'을 세 글자로 하면?

5. 산토끼의 반대말은?

년   월   일   요일

아무리 글쓰기가 재미있어도 잠시 쉬어 갈까요?

6. 쥐 네 마리가 모이면?

7. 병아리가 제일 잘 먹는 약은?

8. 고양이가 잡지 못하는 쥐 두 마리는?

9. 가장 말을 잘 듣는 닭은?

10. 개미 목구멍보다 작아야 하는 것은?

난센스 퀴즈 1라운드, 즐거웠나요?
우리는 열 편의 글을 더 쓰고 난 뒤, 2라운드에서 만나요!

정답: 6. 쥐포, 7. 삐약삐약, 8. 도망치는 쥐, 生쥐, 9. 말 잘 듣는 닭, 10. 개미 입아귀

11 마음대로 시간

 내 마음대로 일어나는 시간을 정할 수 있다면 몇 시?

은경쌤 생각 오전 9시

 늦잠을 더 자고 싶기 때문이야. 너무 늦게 일어나면 엄마만 늦잠 잔다고 아들이 잔소리할 것 같은데, 그렇다고 아침이 사라져 버리는 것도 아쉬우니까 오전 9시가 적당해.

 내 마음대로 자는 시간을 정할 수 있다면 몇 시?

은경쌤 생각 오후 11시 59분

 최대한 늦게 자고 싶지만 그래도 오늘 안에 잠들어야 하기 때문이야. 하루를 알차게 보내고 나서 밤 12시가 되기 직전에 잠자리에 누우면 엄청 뿌듯하고 만족스러울 것 같아.

년   월   일   요일

 **아침 몇 시에 일어날 거야?**

내 생각

왜냐하면

 **그렇다면 밤에는 몇 시에 잘까?**

내 생각

왜냐하면

12 한 가지 공부

 온종일 한 가지 과목만 공부한다면 어떤 과목?

은경쌤 생각 국어

 나는 읽고, 쓰고, 듣고, 말하는 걸 좋아하기 때문이야. 재미있는 이야기를 읽으면 시간 가는 줄 모르거든. 말하는 것도 좋아하니까 발표도 많이 할 수 있어서 좋을 것 같아.

 그 과목을 공부할 때 함께 먹으면 어울릴 듯한 과자는?

은경쌤 생각 새우깡

 짭조름한 새우깡을 아작아작 씹으면 집중도 더 잘될 것 같기 때문이야. 지루하다 싶을 때 먹으면 공부도 할 만할 거야. 길쭉한 새우깡으로 글자를 만들면 더욱 재밌겠다.

오늘 쓴 글 어때? 마음에 들어?

년   월   일   요일

 **딱 한 가지, 어떤 과목을 공부할까?**

내 생각

왜냐하면

 **이 과목엔 이 과자가 딱 어울릴 것 같아!**

내 생각

왜냐하면

13 우리 가게 대표 메뉴

 **식당 주인이 된다면 식당의 대표 메뉴는 무엇이 좋을까?**

은경쌤 생각 갈비찜

왜냐하면 나는 갈비찜을 무척 좋아하기 때문이야. 고기는 어떻게 요리해도 맛있으니까 어렵지 않은데다, 장사가 잘 안되는 날에 음식이 남아도 내가 다 먹어 버리면 되잖아.

 **빵집 주인이 된다면 빵집을 대표하는 빵은 무엇일까?**

은경쌤 생각 튀김 단팥빵

왜냐하면 단팥빵은 흔한 빵이지만, 사람들은 단팥빵을 좋아하니까 그걸 튀기면 좋을 것 같기 때문이야. 신발도 튀기면 맛있다는 말, 들어 본 적 있지? 튀김은 언제나 옳지.

오늘 쓴 글 어때? 마음에 들어?
★★★★★

년   월   일   요일

 **내 식당의 대표 메뉴는 이거야!**

내 생각

왜냐하면

 **내 빵집을 대표하는 빵은?**

내 생각

왜냐하면

14　100만 원이 생긴다면

초등학생의 일주일 치 용돈은 얼마가 적당할까?

은경쌤 생각　5천 원

　간식도 사 먹어야 하고, 갖고 싶은 학용품이 있으면 하나씩 사는 재미도 느껴야 하기 때문이야. 하루에 용돈이 1천 원 정도는 필요하겠지? 그래서 일주일에 5천 원!

돈을 많이 모아서 100만 원이 쌓이면 무엇을 사고 싶어?

은경쌤 생각　색연필 세트

　내 취미가 컬러링이기 때문이야. 다양한 색의 색연필로 색칠하다 보면 기분이 좋아지고 자신감이 생기거든. 그래서 꼭 부드럽게 칠해지는 색연필 세트를 사고 싶어.

오늘 쓴 글 어때? 마음에 들어?

년   월   일   요일

용돈은 이 정도가 적당할 것 같아!

내 생각

왜냐하면

100만 원이 생긴다면 말이지!

내 생각

왜냐하면

15 무인도에 간다면

 무인도에 딱 한 사람만 같이 갈 수 있다면 누구와 갈래?

은경쌤 생각 배 만드는 사람

 **왜냐하면** 무인도에서 사는 것도 몹시 흥미진진해 보이기는 하지만 계속 갇혀서 살 수는 없기 때문이야. 배를 만들 수 있는 사람을 데려가서 언제든 탈출하고 싶을 때 빠져나올 거야.

 무인도에 딱 한 가지만 가지고 갈 수 있다면?

은경쌤 생각 라면

 **왜냐하면** 나는 배고픈 건 절대 못 참기 때문이야. 무인도 생활이 외롭고 지칠 때 얼큰한 라면 한 그릇 끓여 먹으면 금방 기운이 날 것 같아. 혹시 냄비가 없다면 그냥 부수어 먹을래!

오늘 쓴 글 어때? 마음에 들어?

년   월   일   요일

 **무인도에 같이 갈 딱 한 사람은?**

내 생각

왜냐하면

 **무인도에 가져갈 수 있는 딱 한 가지!**

내 생각

왜냐하면

16. 다시 태어난다면

 **다시 태어난다면 남자와 여자 중 누구로 태어나고 싶어?**

은경쌤 생각 남자

 여자로 한번 살아 봤으니까 남자로도 한번 살아 보고 싶기 때문이야. 화장실에서도 왠지 더 편할 거 같고, 실수로 방귀를 뀌더라도 왠지 덜 창피할 거 같다는 생각이 들어.

 **지금 다른 나이로 바꿀 수 있다면 몇 살이 되고 싶어?**

은경쌤 생각 5살

 조금이라도 어려져서 더 오래 살고 싶기 때문이야. 부모님께 사랑만 받으면서 마음대로 뛰어놀 수 있는 나이가 다섯 살쯤인 것 같아. 떼를 써도 덜 혼나는 나이이기도 하고.

오늘 쓴 글 어때? 마음에 들어?

년   월   일   요일

 남자와 여자, 어떤 성별로 태어나 볼까?

내 생각

왜냐하면

 지금 내가 되고 싶은 나이는?

내 생각

왜냐하면

17 불이 났다!

 **집에 불이 나서 탈출할 때 꼭 챙길 한 가지는?**

은경쌤 생각 화분

 내가 키우는 화분에 막 새순이 돋아났기 때문이야. 다 죽어 가는 식물을 온갖 정성으로 간신히 살려 놓았는데 불구덩이에 놓고 나온다면 가슴이 너무 아플 것 같아.

 **소방관이 달려오며 크게 소리친 한 마디는?**

은경쌤 생각 "비키세요, 여러분!"

 불구경하러 모인 사람들이 많을 테니까 모두 비키라고 소리칠 것 같기 때문이야. 얼른 불을 끄고, 안에 갇힌 사람들을 구해 내는 게 가장 중요한 일이니까 말이야.

오늘 쓴 글 어때? 마음에 들어?

년   월   일   요일

불이 나면 무엇을 꼭 챙겨서 탈출할까?

내 생각

왜냐하면

내게 달려오던 소방관은 뭐라고 소리칠까?

내 생각

왜냐하면

18 투명 인간이 된다면

 **투명 인간이 되어 아무도 모르게 가 보고 싶은 곳은?**

은경쌤 생각 배우 현빈과 손예진의 집

 두 사람이 결혼해서 어떤 모습으로 사는지 궁금하기 때문이야. 두 사람의 아기가 얼마나 귀엽게 생겼을지도 보고 싶고, 냉장고에는 어떤 음식을 넣어 놓고 먹는지도 궁금해.

 **한 사람과 함께 투명 인간이 될 수 있다면 누가 좋을까?**

은경쌤 생각 내 친구 보라

 보라는 우리의 비밀을 잘 지킬 것 같기 때문이야. 또 나랑 연예인들의 집을 즐겁게 돌아다녀 줄 것 같거든. 보라는 방탄소년단의 집에 가고 싶어 하겠지?

오늘 쓴 글 어때? 마음에 들어?

　　　　　　　년　　월　　일　　요일

 **투명 인간이 되면 살금살금 어디에 가 보고 싶어?**

내 생각

왜냐하면

 **누구와 함께 투명 인간이 되어 볼까?**

내 생각

왜냐하면

19 반가운 손님

오늘 밤, 우리 집에 초대하고 싶은 한 사람은 누구?

은경쌤 생각 개그맨 유재석

유재석 님과 함께 저녁을 먹고, 보드게임을 하면서 배꼽을 잡을 만큼 많이 웃을 것 같기 때문이야. 또, 사람들을 즐겁고 재미있게 만드는 방법도 배울 수 있을 것 같아.

그 사람과 함께 보드게임을 한다면 어떤 게임을 할 거야?

은경쌤 생각 부루마블

부루마블은 게임이 빨리 끝나지 않기 때문이야. 게임 시간이 길어야 유재석 님이 우리 집에 더 오래 있을 수 있잖아. 이게 어떻게 잡은 기회인데 너무 일찍 보내 드릴 수는 없지!

오늘 쓴 글 어때? 마음에 들어?

년   월   일   요일

 **우리 집에 초대할 한 사람은?**

내 생각

왜냐하면

 **그 사람과 하고 싶은 보드게임은?**

내 생각

왜냐하면

61

20 어른이 되면

 **20년 뒤에 나는 어떤 직업을 가진 사람이 되어 있을까?**

은경쌤 생각 드라마 작가

왜냐하면 드라마를 보는 것도, 이야기를 직접 만드는 것도 좋아하기 때문이야. 나만의 이야기를 만들 수 있는 흥미로운 직업을 가진 다음 현빈을 주인공으로 한 드라마를 쓰고 싶어.

 **만약 작가가 된다면 내 책의 제목은 무엇일까?**

은경쌤 생각 〈흐린 날보다는 맑은 날이 훨씬 많아요〉

왜냐하면 사람들을 위로하는 글을 쓰고 싶기 때문이야. 내가 쓴 글을 읽고 힘들고 속상한 일에 빠져 있던 사람들이 기쁘고 즐겁고 행복한 일을 찾아 힘을 낼 수 있으면 좋겠어.

오늘 쓴 글 어때? 마음에 들어?

년   월   일   요일

 **어른이 된다면 어떤 일을 할 거야?**

내 생각

왜냐하면

내 첫 책의 제목은 이것이야!

내 생각

왜냐하면

 ## 2 라운드 은경쌤과 함께 하는 난센스 퀴즈

1. 세상에서 가장 빠른 말은?

2. 발은 발인데 머리 위에 달린 발은?

3. 우리나라에서 김이 가장 많이 나는 곳은?

4. 눈으로는 못 보고 입으로만 보는 것은?

5. 김 중에 제일 맛있는 김은?

년   월   일   요일
아무리 글쓰기가 재미있어도 잠시 쉬어 갈까요?

6. '자식이 아홉 명이다'를 세 글자로?

7. 뽑으면 우는 식물은?

8. 뱀이 불타면?

9. 먹으면 웃게 되는 죽은?

10. 계시냐고 물어 보면서 안 계시기를 바라는 곳은?

난센스 퀴즈 2라운드, 즐거웠나요?
우리는 열 편의 글을 더 쓰고 난 뒤, 3라운드에서 만나요!

정답: 6. 아이구, 7. 우엉, 8. 뱀파이어, 9. 낄낄낄죽, 10. 화장실

21 내 공부방 꾸미기

 내 방을 한 가지 색으로 칠한다면?

 파란색

왜냐하면 파란색으로 칠하면 방에 콕 틀어박혀 있어도 마치 바닷가에 있는 기분이 들 것 같기 때문이야. 침대에 누우면 물속에서 헤엄치는 기분일 것 같아.

 그 방에 놓을 책상을 고른다면 어떤 색?

 파란색

왜냐하면 책상이 있는지 없는지 모르고 싶기 때문이야. 책상이 눈에 잘 띄면 앉아서 공부해야 할 것 같은데, 책상과 벽이 모두 파란색이라면 잘 보이지 않아 마음 편하게 잘 수 있을 거야.

오늘 쓴 글 어때? 마음에 들어?
★ ★ ★ ★ ★

년   월   일   요일

 **내 방은 무슨 색으로 칠할까?**

내 생각

왜냐하면

 **책상은 어떤 색으로 고를 거야?**

내 생각

왜냐하면

67

22 가족 선물

 **다가오는 가족의 생신 선물은 무엇이 좋을까?**

은경쌤 생각 로봇 청소기

 우리 할머니가 제일 싫어하시는 게 바닥 청소이기 때문이야. 알아서 척척 바닥을 청소하는 로봇 청소기를 사 드리면 마치 강아지처럼 예뻐하고 아끼실 것 같아.

 **엄마에게 동물 한 마리를 선물한다면?**

은경쌤 생각 말

 급한 일이 생길 때마다 말을 타고 다니면 빠르고 편리할 것 같기 때문이야. 우리 엄마는 관심받는 걸 좋아하시는데 말을 타고 다니면 얼마나 많은 사람이 엄마를 쳐다볼까?

오늘 쓴 글 어때? 마음에 들어?

년   월   일   요일

 **가족에게 어떤 선물을 드리고 싶어?**

내 생각

왜냐하면

 **엄마에게 선물하고 싶은 동물은?**

내 생각

왜냐하면

23 특별한 초능력

 **딱 한 가지 초능력을 가질 수 있다면 어떤 능력을?**

은경쌤 생각 한 번 본 것은 절대 잊어버리지 않는 능력

 요즘 자꾸 깜빡하는 건망증 때문에 답답할 때가 많기 때문이야. 한 번 본 걸 절대 잊어버리지 않으면 시험이란 시험은 공부하지 않아도 거뜬히 백 점을 받을 수 있을 것 같아.

 **생기지 않는 게 더 좋을 것 같은 초능력은?**

은경쌤 생각 사람의 마음을 읽는 능력

 다른 사람의 마음이 다 보이면 사람들과 이야기 나누는 즐거움이 사라질 것 같기 때문이야. 상대방이 말하기도 전에 그 사람의 마음을 훤히 알게 되면 얼마나 재미없을까?

오늘 쓴 글 어때? 마음에 들어?

년　월　일　요일

 **내가 갖고 싶은 초능력 한 가지는?**

내 생각

왜냐하면

 **이런 초능력은 없어도 괜찮아!**

내 생각

왜냐하면

24 나의 생일 케이크

 **올해 생일 케이크를 미리 고른다면?**

은경쌤 생각   떡케이크

 우리나라 전통 음식인 떡으로 케이크를 만들어 먹는다는 게 의미 있게 느껴지기 때문이야. 우리 가족은 생일마다 생크림 케이크를 사 먹었는데 올해는 떡케이크가 좋겠어!

 **생일 케이크 맨 위에 어떤 글씨를 적으면 좋을까?**

은경쌤 생각   씩씩하게 100세 도전

 100세 시대에 건강이 제일 중요하다고 생각하기 때문이야. 주변에 아픈 사람들을 보면 건강의 중요성을 더욱 실감하게 돼. 건강하고 씩씩하게 100세에 도전해 볼래.

오늘 쓴 글 어때? 마음에 들어?

년　월　일　요일

 ### 올해 생일에 먹고 싶은 케이크는?

내 생각

왜냐하면

 ### 내 생일 케이크에는 이런 글을 적을래!

내 생각

왜냐하면

25 내 인생의 음료수

 **가장 맛있는 음료수를 고른다면?**

 딸기 라테

왜냐하면 친구가 딸기 라테를 사 줘서 먹어 봤는데 눈이 튀어나올 만큼 달달하고 맛이 있었기 때문이야. 그 뒤로 화나는 일이 있을 때 딸기 라테를 마시면 기분이 다 풀리는 느낌이야.

 **이제껏 먹어 본 가장 맛없는 음료수는?**

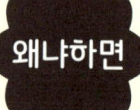 양파즙

왜냐하면 맛이 정말 이상하기 때문이야. 몸에 좋다는 말을 듣고 마시다가 그대로 뱉은 적이 있어. 좋은 약은 입에 쓰다는 옛말이 맞나 봐. 아무리 몸에 좋다 해도 양파즙은 거절할 거야.

오늘 쓴 글 어때? 마음에 들어?

년   월   일   요일

 **내가 먹어 본 최고로 맛있는 음료는?**

내 생각

왜냐하면

 **주변에서 먹는다면 가장 말리고 싶은 음료는?**

내 생각

왜냐하면

26 동물이 된다면

 만약 동물로 다시 태어난다면 어떤 동물이 좋을까?

 토끼

왜냐하면 귀엽게 생긴 토끼는 많은 사람들이 좋아하는 동물이기 때문이야. 그중에서도 특히 어린이들의 사랑을 한 몸에 받으니까 토끼가 되어 깡충깡충 뛰어다니면 정말 행복할 것 같아.

 그 동물이 된다면 가장 친하게 지내고 싶은 동물은?

 거북이

왜냐하면 토끼, 하면 거북이가 생각나기 때문이야. 내가 토끼가 되면 거북이와 달리기 시합을 한번 해 보고 싶은데, 그렇게 된다면 경쟁하지 않고 사이좋게 나란히 결승점에 들어오고 싶어.

오늘 쓴 글 어때? 마음에 들어?

년   월   일   요일

 **내가 다시 태어난다면 되고 싶은 동물은?**

내 생각

왜냐하면

 **그렇다면 어떤 동물과 친해질까?**

내 생각

왜냐하면

27 세상에서 가장 무서운 것

 **세상에서 가장 무서운 것은?**

은경쌤 생각 알람 소리

왜냐하면 한참 단잠에 빠져 있는데 알람 소리를 들으면 그만 일어나야 한다는 생각에 무섭기 때문이야. 가장 좋아하는 노래로 알람을 설정했지만 그래도 무서운 건 마찬가지네.

 **세상에서 가장 무서운 말은?**

은경쌤 생각 미세 먼지가 많은 날입니다.

왜냐하면 미세 먼지가 많은 날은 뿌연 하늘 때문에 햇살을 듬뿍 받을 수 없기 때문이야. 아침에 뉴스를 들었는데 미세 먼지가 있는 날이라는 말을 들으면 벌써 아쉽고 무서운 마음이 들어.

오늘 쓴 글 어때? 마음에 들어?

년   월   일   요일

 **세상에서 이게 가장 무서워!**

내 생각

왜냐하면

 **그럼, 어떤 말을 들을 때 무서워?**

내 생각

왜냐하면

28 가족과 함께

 **이번 주말에 가족과 하고 싶은 일을 한 가지 고른다면?**

은경쌤 생각 등산

 가족과 함께 서로 이끌어 주면서 산에 오르고 싶기 때문이야. 또 산 아래에 내가 가장 좋아하는 막국수 맛집이 있거든. 맛있는 것도 먹고 아름다운 자연도 보면 일석이조야.

 **이번 주말에 가족과 직접 요리해서 먹고 싶은 음식은?**

은경쌤 생각 삼겹살구이

 우리 가족 모두 고기를 무척 좋아하기 때문이야. 삼겹살은 특별히 요리할 게 없잖아. 무엇보다 가족이 둘러앉아 삼겹살을 구우면서 이야기하는 시간이 좋아.

오늘 쓴 글 어때? 마음에 들어?

년   월   일   요일

 **주말에 가족들과 하고 싶은 한 가지 일은?**

내 생각

왜냐하면

 **가족과 어떤 음식을 요리할 거니?**

내 생각

왜냐하면

신나는 해외여행

해외여행을 떠나기 딱 좋은 계절은 언제일까?

은경쌤 생각 겨울

내가 추운 걸 못 견디기 때문이야. 차가운 겨울을 피해 따뜻한 나라로 훌쩍 여행을 떠나면 환상적일 것 같아. 두꺼운 점퍼를 벗어 버리고 수영복 차림으로 물놀이하면 신나겠지?

여행을 갈 때 볼 애니메이션을 한 편만 고른다면?

은경쌤 생각 명탐정 코난

'명탐정 코난'을 보는 동안 시간 가는 줄 모르겠기 때문이야. 내가 코난이 되어서 단서를 찾고 범인을 예상하다 보면 흥미진진하고 지루하지 않아 시간이 훌쩍 지나가 버려.

오늘 쓴 글 어때? 마음에 들어?

년   월   일   요일

해외여행은 이 계절에 가는 게 좋겠어!

내 생각

왜냐하면

비행기 안에서는 어떤 걸 보면 좋을까?

내 생각

왜냐하면

30 월화수목금토일

일주일 중 가장 상쾌하고 행복한 느낌이 드는 요일은?

은경쌤 생각 금요일

왜냐하면 주말이 시작되는 기분 좋은 요일이기 때문이야. 금요일 저녁은 가족끼리 맛있는 걸 먹는 날이거든. 일주일에 딱 하루 늦게까지 텔레비전을 보며 피로를 푸는 날이기도 해.

월, 화, 수, 목, 금요일 중 하루를 없앤다면?

은경쌤 생각 목요일

왜냐하면 제일 시간이 더디게 지나가는 요일이기 때문이야. 내가 가장 좋아하는 금요일이 목요일 때문에 늦게 돌아오는 것 같은데, 목요일을 없앤다면 금요일이 성큼 다가올 수 있잖아.

오늘 쓴 글 어때? 마음에 들어?

　　　　　　　년　　월　　일　　요일

 **내가 가장 행복한 요일은?**

내 생각

왜냐하면

 **어떤 요일이 없었으면 좋겠어?**

내 생각

왜냐하면

 **3 라운드 은경쌤과 함께 하는 난센스 퀴즈**

1. 전쟁 중에 장군이 가장 받고 싶어 하는 복은?

2. 호주의 돈은?

3. 할아버지가 좋아하는 돈은?

4. 태어나면서부터 늙은 것은?

5. 바닷가에서 해도 되는 욕은?

정답 1. 항복 2. 호주머니 3. 용돈 4. 늙은이 5. 해수욕

년   월   일   요일
아무리 글쓰기가 재미있어도 잠시 쉬어 갈까요?

6. 가위는 가위인데 자를 수 없는 가위는?

7. 사람들이 즐겨 먹는 피는?

8. 약은 약인데 아껴 먹어야 하는 약은?

9. 세상에서 가장 무서운 비는?

10. 엉덩이가 뚱뚱한 사람은?

난센스 퀴즈 3라운드, 즐거웠나요?
우리는 열 편의 글을 더 쓰고 난 뒤, 4라운드에서 만나요!

정답 6. 왕가위, 7. 커피, 8. 장약, 9. 문비, 10. 엉덩뚱한 사람

31. 먹고 싶은 반찬

 **매일 똑같은 반찬을 하나만 먹어야 한다면?**

은경쌤 생각 배추김치

 한국인의 여러 반찬 중에서도 질리지 않고 꾸준히 먹을 수 있는 건 바로 김치이기 때문이야. 또, 김치는 밥과 참기름을 넣고 싹싹 볶아 먹어도 꿀맛이기 때문이지.

 **반찬에게 새로운 이름을 지어 준다면?**

은경쌤 생각 김못정못

 나는 김치 없인 못 살기 때문이야. "김치 없인 못 살아, 정말 못 살아."라는 김치 주제가 가사의 앞 글자만 따서 '김못정못'으로 할래. "엄마, 김못정못 더 주세요."

오늘 쓴 글 어때? 마음에 들어?

년   월   일   요일

 **매일 먹고 싶은 반찬은?**

내 생각

왜냐하면

 **새롭게 지은 반찬의 이름은?**

내 생각

왜냐하면

32 산타 할아버지

 **산타 할아버지는 어느 나라에서 오셨을까?**

 필리핀

왜냐하면 더운 나라에서 휴가를 보냈을 것 같기 때문이야. 추운 겨울에 배달을 다녀야 하는데 평소에는 따뜻한 나라에서 좀 편안하게 쉬시지 않을까?

 **산타 할아버지와 마주친다면 꼭 부탁드리고 싶은 것은?**

 "저도 썰매 좀 태워 주세요."

왜냐하면 루돌프가 끄는 썰매는 하늘을 슝슝 날아다니기 때문이야. 그 썰매를 타고 나도 하늘을 날고 싶어. 밤하늘을 날아다니면서 경치를 내려다보면 무척 황홀할 것 같아.

오늘 쓴 글 어때? 마음에 들어?

년   월   일   요일

산타 할아버지는 아마 이 나라에서 오셨을 거야!

내 생각

왜냐하면

산타 할아버지께 어떤 부탁을 할 거야?

내 생각

왜냐하면

33 나의 첫 자동차

 내 인생의 첫 차는 무슨 색깔이 좋을까?

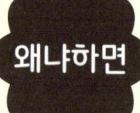 하얀색

왜냐하면 더러워져도 제일 티가 안 나는 게 하얀색 차이기 때문이야. 검은색이 티가 안 날 것 같지만 오히려 더 더러워 보인다고 해. 나는 세차하는 걸 귀찮아할 게 뻔하니까 흰색이 좋겠어.

 그 차에 가장 먼저 태우고 싶은 한 사람은 누구?

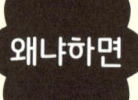 아무도 안 태울래.

왜냐하면 소중한 누군가를 태워서 생명의 위협을 느끼게 하고 싶지 않아. 차를 운전하더라도 혼자 다닐 생각이야. 만약 누가 옆에 타면 그게 신경 쓰여서 차를 쿵, 하고 박을 수도 있어.

오늘 쓴 글 어때? 마음에 들어?

년   월   일   요일

 **내가 갖고 싶은 자동차의 색깔은?**

내 생각

왜냐하면

 **그 차에 태우고 싶은 한 사람은 말이지!**

내 생각

왜냐하면

34 내게 주고 싶은 상

 나 자신에게 상을 준다면 그 상의 이름은 뭐가 좋을까?

은경쌤 생각 항상

 항상 열심히 최선을 다하는 나를 칭찬해 주고 싶기 때문이야. '항상'은 '언제나 변함없이'라는 뜻을 가진 특별한 상이야. 한결같이 열심히 하자는 나만의 다짐이기도 해.

 부모님께 상을 드린다면 그 상의 이름은 뭐가 좋을까?

은경쌤 생각 여전히 아름다워 상

 할머니가 되어서도 아름답고 싶은 엄마에게 여전히 아름답다고 말씀드리고 싶기 때문이야. 물론 지금은 많이 늙으셨지만, 열심히 살아오신 모습 자체로 아름다우니까.

오늘 쓴 글 어때? 마음에 들어?

년   월   일   요일

 **나에게 주고 싶은 상은?**

내 생각

왜냐하면

 **그럼, 부모님께는 어떤 상을 드려 볼까?**

내 생각

왜냐하면

35 아기의 이름

 **아기를 낳는다면 아들일까, 딸일까?**

은경쌤 생각 딸

왜냐하면 나는 아들을 두 명이나 키워 봤기 때문이야. 아들을 키워 보니 집안이 군대 같은 느낌이 들어서 활기찼는데, 딸이 있다면 아기자기하고 예쁘게 꾸미고 살지 궁금해.

 **아기의 이름은 무엇으로 짓고 싶어?**

은경쌤 생각 이슬

왜냐하면 새벽이슬처럼 맑고 투명하고 깨끗한 사람이 되길 바라기 때문이야. 여자아이에게 "이슬아~" 하고 부르면 정말 사랑스러울 것 같아. 순수 우리말이라 더 마음에 들기도 해.

오늘 쓴 글 어때? 마음에 들어?

년   월   일   요일

 **딸과 아들 중에 어떤 아기를 원해?**

내 생각

왜냐하면

 **아기의 이름은 뭐가 좋을까?**

내 생각

왜냐하면

36 내가 좋아하는 단어

 내가 알고 있는 단어 중 가장 마음에 드는 한 단어는?

은경쌤 생각 무료

 세상에 공짜만큼 좋은 게 또 없기 때문이야. 무료 배송, 무료 나눔, 무료 체험, 무료 시식, 무료 상담 등 무료라는 단어가 붙어 있으면 돈을 번 듯한 느낌이라 기분이 좋아.

 내가 알고 있는 단어 중 가장 싫어하는 한 단어는?

은경쌤 생각 폭력

 신체에 가하는 폭력이든, 정신에 가하는 폭력이든 폭력은 너무 나쁘기 때문이야. 사람은 모두가 소중하고 존중받을 권리가 있는데 함부로 폭력을 행사하는 건 너무 싫어!

오늘 쓴 글 어때? 마음에 들어?

년   월   일   요일

 **내가 가장 좋아하는 단어는?**

내 생각

왜냐하면

 **그렇다면 가장 싫어하는 단어는 뭐니?**

내 생각

왜냐하면

37 지구 마지막 날

 내일 지구가 멸망한다면 꼭 전화하고 싶은 사람은?

은경쌤 생각 내 친구 다은이

왜냐하면 이번 주말에 다은이랑 만나 마라탕을 먹기로 했기 때문이야. 내일 지구가 멸망한다면 우리가 못 만날 테니까 당장 오늘 만나서 마라탕과 탕후루를 먹자고 해야겠어.

 그 사람에게 선물을 하나 보낸다면 어떤 것이 좋을까?

은경쌤 생각 사과 모양 젤리

왜냐하면 "내일 지구가 멸망해도 오늘 한 그루의 사과나무를 심겠다." 라는 말이 생각나기 때문이야. 그런데 하루 만에 사과나무를 키워 사과를 따기는 힘드니 사과 모양 젤리를 선물할래.

오늘 쓴 글 어때? 마음에 들어?

　　　　년　　월　　일　　요일

 **지구에서의 마지막 날, 내가 전화하고 싶은 사람은?**

내 생각

왜냐하면

 **그 사람에게 어떤 선물을 보낼까?**

내 생각

왜냐하면

책가방 속 물건

책가방 속 물건 중 한 가지를 친구에게 준다면?

은경쌤 생각 키링

왜냐하면 똑같은 모양의 예쁜 키링이 두 개 있기 때문이야. 단짝 친구와 나눠 가져서 항상 같은 키링을 갖고 다니면 우리 우정이 영원히 쭉 이어질 것 같은 기분 좋은 예감이 들어.

책가방 속에 없지만 꼭 학교에 가져가고 싶은 것은?

은경쌤 생각 고양이

왜냐하면 우리 집 고양이가 너무 사랑스럽기 때문이야. 얘를 학교에 데려가면 친구들도 얼마나 좋아할까? 조용히 교실 이곳저곳을 돌아다니게 하면 심심하지도 않을 것 같고 말이야.

오늘 쓴 글 어때? 마음에 들어?

년   월   일   요일

 **친구에게 주고 싶은 책가방 속 물건은?**

내 생각

왜냐하면

 **책가방에 담아 학교에 가져가고 싶은 건?**

내 생각

왜냐하면

39 요즘 배우는 것

 요즘 배우는 것 중 가장 재미있는 한 가지는?

 요리

왜냐하면 새롭게 배운 요리가 배우면 배울수록 신기하고 재미있기 때문이야. 가장 좋은 점은 집밥이 맛있어진다는 점이지. 그게 좋아서 더 재미있어.

 요즘 배우는 것 중 가장 하기 싫은 한 가지는?

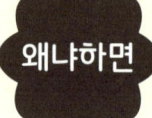 필라테스

왜냐하면 나는 원래 유연성이 빵점이라 너무 힘들기 때문이야. 허리가 구부러지지 않는데 선생님이 자꾸만 더 굽혀 보라고 위에서 꾹꾹 누르시거든. 그럴 때마다 비명을 지르곤 해.

오늘 쓴 글 어때? 마음에 들어?

년　월　일　요일

 **요즘 내가 배우는 것 가운데 재미있는 건?**

내 생각

왜냐하면

 **그렇다면 배우기 따분한 것도 있지?**

내 생각

왜냐하면

105

40 외국인 친구

외국인 친구에게 자랑하고 싶은 한국 음식 한 가지는?

 비빔밥

왜냐하면 비빔밥에는 다양한 채소가 골고루 들어가서 건강에도 좋고 맛도 있기 때문이야. 넣는 재료에 따라 다양한 비빔밥을 만들 수도 있는데, 외국인 친구도 좋아할 게 분명해!

외국인 친구가 못 먹을 거 같은 한국 음식은?

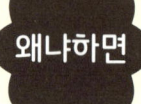 닭발무침

왜냐하면 닭발의 생생한 모양 때문에 깜짝 놀랄 것 같기 때문이야. 닭의 발을 먹는다는 것을 잘 이해하지 못할 것 같아. 게다가 닭발은 엄청 매워서 입에 넣자마자 깜짝 놀랄걸.

오늘 쓴 글 어때? 마음에 들어?

년   월   일   요일

 **외국인 친구에게 이 음식을 자랑하고 싶어!**

내 생각

왜냐하면

 **어떤 음식을 먹으면 외국인 친구가 당황할까?**

내 생각

왜냐하면

4 라운드 은경쌤과 함께 하는 난센스 퀴즈

1. 경찰서의 반대말은?

2. 늘 후회하면서 타는 차는?

3. 별 중에 가장 슬픈 별은?

4. 자가용의 반대말은?

5. 땅이 울면?

정답 1. 경찰앉아 2. 아차차 3. 이별 4. 자용 5. 둘썩

년   월   일   요일
아무리 글쓰기가 재미있어도 잠시 쉬어 갈까요?

6. 빵이 시골에 간 이유는?

7. 신데렐라가 잠을 못 자면?

8. '죽이다'의 반대말은?

9. 보내기 싫으면?

10. 한번 들어가면 못 나오는 것은?

난센스 퀴즈 4라운드, 즐거웠나요?
우리는 열 편의 글을 더 쓰고 난 뒤, 5라운드에서 만나요!

정답 6. 촌빵크 7. 신델델라 8. 큐이다 9. 싫어 바이얼 댄다 10. 속담

41 오늘의 택배

 택배 상자 안에 어떤 물건이 있었으면 좋겠어?

은경쌤 생각 예쁜 운동화

 나는 아침마다 달리기를 하기 때문이야. 매일 다른 운동화를 신으면 운동화의 색깔과 모양에 따라 기분이 달라지고 힘이 솟을 것 같아. 힘이 나면 더 오래 달릴 수도 있겠지?

 오늘 택배가 온다면 택배를 몇 개 받고 싶어?

은경쌤 생각 오늘은 딱 한 개

 오늘은 운동화 한 켤레면 충분할 것 같기 때문이야. 어제 집 앞에 택배가 다섯 개가 쌓여 있어서 좀 민망했거든. 많은 상자를 낑낑대며 들고 들어가 정리하는 것도 좀 힘들었고.

오늘 쓴 글 어때? 마음에 들어?
★★★★★

년   월   일   요일

 **택배 상자 안에 이게 들어 있으면 좋겠어!**

내 생각

왜냐하면

 **오늘 택배가 몇 개 왔으면 좋겠어?**

내 생각

왜냐하면

42 세상에서 가장 필요한 일

 **세상에서 절대 혼자서는 할 수 없는 일은?**

은경쌤 생각 숨바꼭질

왜냐하면 숨는 사람과 찾는 사람이 필요한 놀이니까 두 명이 필요하기 때문이야. 숨바꼭질을 혼자 하면 찾아 주는 사람이 없으니 몰래 숨어서 조마조마하게 기다리는 재미도 사라지잖아.

 **세상에 반드시 필요한 일은 어떤 걸까?**

은경쌤 생각 농사

왜냐하면 내게 중요한 것 중 하나가 바로 먹는 것이기 때문이야. 잘 먹어야 힘도 나고 일도 열심히 할 수 있잖아. 그러니 먹을 재료를 농사짓는 일은 반드시 필요한 일이라고 생각해.

오늘 쓴 글 어때? 마음에 들어?

년   월   일   요일

 **내가 절대 혼자 할 수 없는 일은?**

내 생각

왜냐하면

 **이 일은 세상에 반드시 필요해!**

내 생각

왜냐하면

43 딱 한 가지 쇼핑

 문구점에서 딱 한 가지를 살 수 있다면 무엇을 살 거야?

은경쌤 생각 지우개

 지우개는 사도 사도 쓰려고 찾으면 사라지기 때문이야. 그래서 문구점에 가면 어디서든 눈에 잘 띄는 커다란 지우개를 사고 싶어. 스마트폰 크기라면 절대 잃어버리지 않을 텐데.

 편의점에서 딱 한 가지를 살 수 있다면 무엇을 고를 거야?

은경쌤 생각 삼각김밥

 편의점 삼각김밥 맛은 집에서는 절대 흉내 낼 수가 없기 때문이지. 밥은 촉촉한데 김은 바삭한 게 바로 기술이거든! 김이 찢어지지 않게 양 끝을 잡아당기는 것도 재미있어.

오늘 쓴 글 어때? 마음에 들어?
★★★★★

년　월　일　요일

 **문구점에서 사고 싶은 딱 한 가지는!**

내 생각

왜냐하면

 **그렇다면 편의점에서는 뭘 살까?**

내 생각

왜냐하면

44 사고파는 벼룩시장

내가 가진 물건 중 한 가지를 벼룩시장에 판다면?

은경쌤 생각 실내 자전거

집에 사 둔 실내 자전거가 점점 빨래걸이가 되어 가는 중이기 때문이야. 집에서 열심히 운동하려고 샀는데 원래 기능을 못하지 뭐야. 열심히 운동할 새 주인을 만나길 바라.

벼룩시장에서 한 가지를 살 수 있다면?

은경쌤 생각 화분

창가에 사이좋게 놓인 화분을 보는 게 하루 일과 중 큰 즐거움이기 때문이야. 나이가 들수록 꽃이나 나무가 점점 더 좋아져. 식물도 예뻐해 주면 훨씬 더 잘 자라거든.

오늘 쓴 글 어때? 마음에 들어?

년   월   일   요일

 **어떤 물건을 벼룩시장에 팔 거야?**

내 생각

왜냐하면

 **그렇다면 어떤 물건을 사 볼까?**

내 생각

왜냐하면

기대되는 날

어린이날에 받고 싶은 선물을 한 가지 고른다면?

은경쌤 생각 자전거

왜냐하면 새 자전거를 타고 한강 공원을 한 바퀴 돌고 싶기 때문이야. 내가 정말 좋아하는 곳이지. 우리 가족들과 강바람을 맞으며 시원하게 자전거로 달려 보고 싶어.

어버이날에 부모님께 드리고 싶은 선물 한 가지는?

은경쌤 생각 커플 운동화

왜냐하면 두 분이 똑같은 운동화를 신고 나란히 걷는 모습을 보면 무척 아름다울 것 같기 때문이야. 결혼하신 지 오래된 엄마, 아빠도 젊은 연인들처럼 데이트하는 기분이 들지 않을까?

오늘 쓴 글 어때? 마음에 들어?

년   월   일   요일

 **어린이날 선물로 무엇을 받고 싶어?**

내 생각

왜냐하면

 **어버이날 선물로 무엇을 준비하면 좋을까?**

내 생각

왜냐하면

46 나의 올림픽

빠르게 달리게 해 줄 운동화를 새로 산다면 무슨 색?

은경쌤 생각　빨간색

왜냐하면　발바닥에 불이 날 만큼 빨리 달리고 싶기 때문이야. 그래서 불이 연상되는 빨간색 운동화를 사고 싶어. 빨간색 운동화를 신고 빨리 달리다 보면 어떤 종목이든 금메달도 가능하겠지?

올림픽에 출전한다면 어떤 종목이 좋을까?

은경쌤 생각　마라톤

왜냐하면　마라톤을 완주하고 났을 때 뿌듯함은 이루 말할 수 없을 만큼 대단하기 때문이야. 먼 거리를 오랫동안 달리니까 힘들기는 하지만 그만큼 보람이 커서 도전하고 싶은 운동이야.

오늘 쓴 글 어때? 마음에 들어?

년　월　일　요일

 **어떤 색 운동화를 신으면 빨리 달릴 수 있을까?**

내 생각

왜냐하면

 **그 운동화를 신고 내가 올림픽에 출전한다면?**

내 생각

왜냐하면

47 새로운 이름

 **내 이름을 새롭게 바꿀 수 있다면 어떤 이름이 좋을까?**

은경쌤 생각 이은경 → 이은

왜냐하면 원래 이름인 '이은경'에서 한 글자를 따오고 싶기 때문이야. 한 글자 이름은 멋있기도 하고, 무엇인가를 서로 이어 준다는 의미도 있으니 좀 더 멋지게 보일 것 같아.

 **영어 이름도 새로 지을 수 있다면?**

은경쌤 생각 엘사

왜냐하면 이름을 잘 기억해 줄 것 같기 때문이야. 엘사는 어른이고 아이고 모르는 사람이 없잖아. 겨울왕국 영화 속 엘사처럼 멋지고 아름다운 사람으로 나를 기억해 주면 행복할 거야.

오늘 쓴 글 어때? 마음에 들어?

년   월   일   요일

 **나의 새로운 이름으로 뭐가 좋을까?**

내 생각

왜냐하면

 **영어 이름을 짓는다면 무엇으로 할래?**

내 생각

왜냐하면

48 내가 만약 OO가 된다면

사육사가 된다면 맡아서 기르고 싶은 동물은?

은경쌤 생각: 사자

왜냐하면: 밀림의 왕 사자를 기른다는 게 너무 멋지기 때문이야. 나보다 훨씬 큰 사자가 나를 따라다닐 거라는 상상만으로도 즐거워. 멋진 갈기도 내 손으로 빗겨 줄 테다!

농부가 된다면 1년 동안 키워 보고 싶은 농작물은?

은경쌤 생각: 고구마

왜냐하면: 군고구마, 고구마튀김, 고구마라테, 고구마케이크처럼 고구마로 만든 건 다 좋아하기 때문이야. 또 고구마는 줄기를 베어다가 볶아 먹을 수도 있으니까 키워 보고 싶어.

오늘 쓴 글 어때? 마음에 들어?

년   월   일   요일

 **내가 만약 동물원의 사육사가 된다면?**

내 생각

왜냐하면

 **내가 만약 농부가 된다면?**

내 생각

왜냐하면

49 죽기 전 이루고 싶은 소원

 살 수 있는 나이를 정할 수 있다면 몇 살이 좋을까?

 123살

왜냐하면 세계에서 가장 오래 산 사람의 기록을 깨고 싶기 때문이야. 가장 오래 산 사람이 122살까지 살았다고 해. 세계 신기록을 하나쯤 세우고 세상을 떠나는 것도 멋진 일 같아.

 죽기 전 꼭 이루고 싶은 소원 한 가지는?

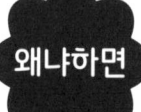 유튜브 '루비 버튼' 받기

왜냐하면 내가 유튜브를 하기 때문이야. 루비 버튼은 구독자 수가 5천만 명 이상일 때 받을 수 있어. 루비 버튼을 받는다는 건 우리나라 사람들이 모두 나를 구독한다는 뜻이야!

년   월   일   요일

 ## 몇 살까지 살고 싶어?

내 생각

왜냐하면

 ## 죽기 전 마지막 한 가지 소원은?

내 생각

왜냐하면

50 행복과 불행

 지금까지 살면서 가장 행복했던 순간은 언제야?

은경쌤 생각 임신했다는 것을 알았을 때

왜냐하면 나와 남편을 닮은 아이가 내 안에서 자란다는 게 무척 신비로웠기 때문이야. 이 아이가 태어나면 내가 엄마가 된다는 사실이 무척 신기하고, 감사했어.

 지금까지 살면서 가장 불행했던 순간은 언제야?

은경쌤 생각 너무 아팠을 때

왜냐하면 온몸이 아프고, 혼자 움직이는 것조차 힘들었기 때문이야. 재산을 잃으면 적게 잃는 것이고, 명예를 잃으면 많이 잃는 것이고, 건강을 잃으면 모두 잃는 것이라는 말이 공감됐어.

오늘 쓴 글 어때? 마음에 들어?

년   월   일   요일

 **나의 인생에서 가장 행복했던 순간은?**

내 생각

왜냐하면

 **그렇다면 가장 불행했던 순간은?**

내 생각

왜냐하면

5 라운드 은경쌤과 함께 하는 난센스 퀴즈

1. 대통령도 고개를 숙이게 하는 사람은?

2. 사람이 태어나서 가장 많이 내는 소리는?

3. 양 중에서 가장 뜨거운 양은?

4. 좀비가 멍청한 이유는?

5. 북 중에서 가장 큰 북은?

년   월   일   요일
아무리 글쓰기가 재미있어도 잠시 쉬어 갈까요?

6. 오백에서 백을 빼면?

7. 공기만 먹어도 살이 찌는 것은?

8. '제발 울지마'를 한 글자로 하면?

9. 콩나물이 무를 때리면?

10. 굴은 굴인데 먹을 수 없는 굴은?

난센스 퀴즈 5라운드, 즐거웠나요?
우리는 다음 글쓰기 책에서 다시 만나요!

이은경쌤의 초등 글쓰기 완성 시리즈
왜냐하면 글쓰기

1판 1쇄 펴냄 | 2024년 7월 25일
1판 2쇄 펴냄 | 2025년 5월 30일

지은이 | 이은경
발행인 | 김병준·고세규
본문 일러스트 | 이가영
발행처 | 상상아카데미

등 록 | 2010. 3. 11. 제313-2010-77호
주 소 | 서울시 마포구 독막로 6길 11(합정동), 우대빌딩 2, 3층
전 화 | 02-6953-8343(편집), 02-6925-4188(영업)
팩 스 | 02-6925-4182
전자우편 | main@sangsangaca.com
홈페이지 | http://sangsangaca.com

ISBN 979-11-93379-33-2 (73800)

· KC마크는 이 제품이 공통안전기준에 적합하였음을 뜻합니다.
· 잘못 만들어진 책은 구입하신 서점에서 교환해 드립니다.

 **이은경쌤의 초등 글쓰기 완성 시리즈**

구분	1학년	2학년	3학년	4학년	5학년	6학년	중1
글쓰기 습관			Best! 세줄쓰기 초등 글쓰기의 시작				
	전래동화 바꿔쓰기						
			주제 일기쓰기				
독서 습관	기본 책읽고쓰기						
			심화 책읽고쓰기				
글쓰기 심화	표현글쓰기						
			자유글쓰기				
					생각글쓰기		
논술 대비	왜냐하면 글쓰기						
			기본 교과서논술				
			논술 쓰기				
					심화 교과서논술		
평가 대비			기본 주제 요약하기				
					심화 주제 요약하기		
					수행평가 글쓰기		
영어 글쓰기	영어 한줄쓰기						
			영어 세줄쓰기*				
					영어 일기쓰기*		

별표(*) 표시한 도서는 출간 예정입니다.

이은경쌤의 초등 글쓰기 완성 시리즈 교재 선택 가이드

- 앞장의 가이드맵을 보면서 권장 학년에 맞추거나 목적에 따라 선택하세요.
- 〈책읽고쓰기〉〈교과서논술〉〈주제 요약하기〉처럼 기본편과 심화편으로 구성된 경우에는 기본편과 심화편을 둘 다 해도 되고, 권장 학년에 맞추어 둘 중 하나만 골라서 해도 돼요.

몇 학년이든 모든 글쓰기는 〈세줄쓰기〉로 시작해요

글쓰기 습관이 필요하다면?
〈전래동화 바꿔쓰기〉
〈주제 일기쓰기〉

+

독서 습관이 필요하다면?
〈[기본] 책읽고쓰기〉
〈[심화] 책읽고쓰기〉

↓

글쓰기 습관과 독서 습관을 모두 갖추었다면?

〈표현글쓰기〉〈왜냐하면 글쓰기〉〈자유글쓰기〉〈생각글쓰기〉

↓

이제 논술과 수행평가를 대비할 차례! 무엇부터 해야 할까요?

논술을 대비하고 싶다면?
〈[기본] 교과서논술〉
〈[심화] 교과서논술〉
〈논술 쓰기〉

+

수행평가를 대비하고 싶다면?
〈[기본] 주제 요약하기〉
〈[심화] 주제 요약하기〉
〈수행평가 글쓰기〉

영어도 대비하고 싶다면? 〈영어 한줄쓰기〉〈영어 세줄쓰기〉* 〈영어 일기쓰기〉*

별표(*) 표시한 도서는 출간 예정입니다.